课本里的作家

课本里的作家

会走的鸟窝

胡木仁／著

小学语文同步阅读
一年级
彩绘注音版

山东教育出版社
·济南·

图书在版编目（CIP）数据

会走的鸟窝 / 胡木仁著 . — 济南 : 山东教育出版
社 , 2023.1（2023.3 重印）
（爱阅读·课本里的作家）
ISBN 978-7-5701-2463-3

Ⅰ．①会… Ⅱ．①胡… Ⅲ．①阅读课—小学—教学参
考资料 Ⅳ．①G624.233

中国版本图书馆 CIP 数据核字（2022）第 255210 号

HUI ZOU DE NIAO WO

会走的鸟窝

胡木仁　著

主管单位：山东出版传媒股份有限公司
出版发行：山东教育出版社
　　　　　地址：济南市市中区二环南路 2066 号 4 区 1 号　邮编：250003
　　　　　电话：（0531）82092600　　　　网址：www.sjs.com.cn
印　　刷：天津泰宇印务有限公司
版　　次：2023 年 1 月第 1 版
印　　次：2023 年 3 月第 2 次印刷
开　　本：700 mm×1000 mm　1/16
印　　张：7
字　　数：45 千
定　　价：25.80 元

总序

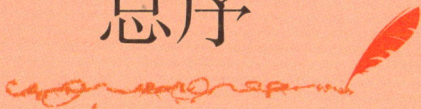

北京书香文雅图书文化有限公司的李继勇先生与我联系，说他们策划了一套《爱阅读·课本里的作家》丛书，读者对象主要是中小学生，可以作为学生的课外阅读用书，希望我写篇序。作为一名语文教育工作者，在中共中央办公厅、国务院办公厅印发《关于进一步减轻义务教育阶段学生作业负担和校外培训负担的意见》（以下简称"双减"）的大背景下，为学生推荐这套优秀课外读物责无旁贷，也更有意义。

一、"双减"以后怎么办？

"双减"政策对义务教育阶段学生的作业和校外培训作出严格规定。我认为这是一件好事。曾几何时，我们的中小学生作业负担重，不少学生不是在各种各样的培训班里，就是在去培训班的路上。学生"学"无宁日，备尝艰辛；家长们焦虑不安，苦不堪言。校外培训机构为了增强吸引力，到处挖掘优秀教师资源，有些老师受利益驱使，不能安心从教。他们的行为破坏了教育生态，违背了教育规律，严重影响了我国教育改革发展。教育是什么？教育是唤醒，是点燃，是激发。而校外培训的噱头仅仅是提高考试成绩，让学生在中高考中占得先机。他们的广告词是"提高一分，干掉千人"，大肆渲染"分数为王"，在这种压力之下，学生面对的是"分萧萧兮题海寒"，不得不深陷题海，机械刷题。假如只有一部分学生上培训班，提高的可能是分数。但是，如果大多数学生或者所有学生都去上培训班，那提高的就不是分数，而只是分数线。教育的根本任务是立德树人，是培根铸魂，是启智增慧，是让学生的德智体美劳全面发展，是培养社会主义建设者和接班人，是为中华民族伟大复兴提供人才，而不是培养只会考试的"机器"，更不能被资本所"绑架"。所以中央才"出重拳""放实招"，目的就是要减轻学生过重的课业负担，减轻家长过重的经济和精神负担。

"双减"政策出台后，学生们一片欢呼，再也不用在各种培训班之间来回奔波了，但家长产生了新的焦虑：孩子学习成绩怎么办？而对学校老师来说，这是一个新挑战、新任务，当然也是新机遇。学生在校时间增加，要求老师提升教学水平，科学合理布置作业，同时开展课外延伸服务，事实上是老师陪伴学生的时间增加了。这部分在校时间怎么安排？如何让学生利用好课外时间？这一切考验着老师们的智慧。而开展各种课外活动正好可以解决这个难题。比如：热爱人文的，可以开展阅读写作、演讲辩论，学习传统文化和民风民俗等社团活动；喜爱数理的，可以组织科普科幻、实验研究、统计测量、天文观测等兴趣小组；也可以开展体育比赛、艺术体验（音乐、美术、书法、戏剧……）和劳动教育等实践活动。当然，所有的活动都应以培养学生的兴趣爱好为目的，以自愿参加为前提。学校开展课后服务，可以多方面拓展资源，比如博物馆、图书馆、科技馆、陈列馆、少年宫、青少年活动中心，甚至校外培训机构的优质服务资源，还可组织征文比赛、志愿服务、社会调查等，助力学生全面发展。

二、课外阅读新机遇

近年来，新课标、新教材、新高考成为语文教育改革的热词。我曾经看到一个视频，说语文在中高考中的地位提高了，难度也加大了。这种说法有一定道理，但并不准确。说它有一定道理，是因为语文能力主要指一个人的阅读和写作能力，而阅读和写作能力又是一个人综合素养的体现。语文能力强，有助于学习别的学科。比如数学、物理中的应用题，如果阅读能力上不去，读不懂题干，便不能准确把握解题要领，也就没法准确答题；英语中的英译汉、汉译英题更是考查学生的语言表达能力；历史题和政治题往往是给一段材料，让学生去分析、判断，得出结论，并表述自己的观点或看法。从这点来说，语文在中高考中的地位提高有一定道理。说它不准确，有两个方面的理由：一是语文学科本来就重要，不是现在才变得重要，之所以产生这种错觉，是因为在应试教育的背景下，语文的重要性被弱化了；二是语文考试的难度并没有增加，增加的只是阅读思维的宽度和广度，考查的是阅读理解、信息筛选、应用写作、语言表达、批判性思维、辩证思维等关键能力。可以说，真正的素质教育必须重视语文，因为语文是工具，是基础。不少家长和教师认为课外阅读浪费学习时间，这主要是教育观念问题。他们之所以有这种想法，无非是认为考试才是最终目的，希望孩子可以把更多时间用在刷题上。他们只看到课标和教材的变化，以为考试还是过去那一套，其实，考试评价已发生深刻变革。目前，考试评价改革与新课标、新教材改革是同向同行的，都是围绕立德树人做文章。中共中央、国务院印发的《深化新时代教育评价改革总体方案》明确指出："稳步推进中高考改革，构建引导学生德智体美劳全面发展的考试内容体系，改变相对固化的试题形式，增强试题开放性，减少死记硬背和'机械刷题'现象。"显然就是要用中高考"指挥棒"引领素质教育。新高考招生录取强调"两依据，一参考"，即以高考成绩和高中学业水平考试成绩为依据，以综合素质评价为参考。这也就是说，高考成绩不再是高校选拔新生的唯一标准，不只看谁考的分数高，而是看谁更有发展潜力、更有创造性，综合素质更高，从而实现由"招分"向"招人"的转变。而这绝不是仅凭一张高考试卷能够区分出来的，"机械刷题"无助于全面发展，必须在课内学习的基础上，辅之以内容广泛的课外阅读，才能全面提高综合素养。

三、"爱阅读"助力成长

这套《爱阅读·课本里的作家》丛书是为中小学生读者量身打造的，符合《义务教育语文课程标准》倡导的"好读书、读好书、读整本的书"的课改理念，可以作为学生课内学习的有益补充。我一向认为，要学好语文，一要读好三本书，二要写好两篇文，三要养成四个好习惯。三本书指"有字之书""无字之书""心灵之书"，两篇文指"规矩文"和"放胆文"，四个好习惯指享受阅读的习惯、善于思考的习惯、乐于表达的习惯和自主学习的习惯。古人说"读万卷书，行万里路"，实际上就是要处理好读书与实践的关系。对于中小学生来说，读书首先是读好"有字之书"。"有字之书"，有课本，有课外自读课本，还有"爱阅读"这样的课外读物。读书时我们不能眉毛胡子一把抓，要区分不同的书，采取不同的读法。一般说来，读法有精读，有略读。精读需要字斟句酌，需要咬文嚼字，但费时费力。当然也不是所有的书都需要精读，可以根据自己的需要决定精读还是略读。新课标提倡中小学生进行整本书阅读，但是学生往往不能耐着性子读完一整本书。新课标提倡的整本书阅读，主要是针对过去的单篇教学来说的，并不是说每本书都要从头读到尾。教材设计的练习项目也是有弹性的、可选择的，不可能有统一的"阅读计划"。我的建议是，整本书阅读应把精读、略读与浏览结合起来，精读重在示范，略读重在博览，浏览略观大意即可，三者相辅相成，不宜偏于一隅。不仅如此，学生还可以把阅读与写作、读书与实践、课内与课外结合起来。整本书阅读重在掌握阅读方法，拓展阅读视野，培养读书兴趣，养成阅读习惯。

再说写好两篇文。学生读得多了，素养提高了，自然有话想说，有自己的观点和看法要发表。发表的形式可以是口头的，也可以是书面的，书面表达就是写作。写好两篇文，一篇规矩文，一篇放胆文。规矩文重打基础，放胆文更见才气。规矩文要求练好写作基本功，包括审题、立意、选材、构思等，同时还要掌握记叙文、议论文、说明文、应用文的基本要领和写作规范。规矩文的写作要在教师的指导下进行。放胆文则鼓励学生放飞自我、大胆想象，各呈创意、各展所长，尤其是展现自己的写作能力、语言表达能力、批判性思维能力和辩证思维能力。放胆文的写作可以多种多样，除了大作文，也可以写小作文。有兴趣的学生还可以进行文学创作，写诗歌、小说、散文、剧本等。

学习语文还要养成四个好习惯。第一，享受阅读的习惯。爱阅读非常重要，每个同学都应该有自己的个性化书单。有的同学喜欢网络小说也没有关系，但需要防止沉迷其中，钻进"死胡同"。这套《爱阅读·课本里的作家》丛书，给中小学生课外阅读提供了大量古今中外的名家名作。第二，善于思考的习惯。在这个大众创业、万众创新的时代，创新人才的标准，已不再是把已有的知识烂熟于心，而是能够独立思考，敢于质疑，能够自己去发现问题、提出问题和解决问题，需要具有探究质疑能力、独立思考能力、批判性思维和辩证思维能力。第三，乐于表达的习惯。表达的乐趣在于说或写的过程，这个过程比说得好、写得完美更重要。写作形式可以不拘一格，比如作文、日记、笔记、随笔、漫画等。第四，自主学习的习惯。我的地盘我做主，我的语文我做主。不是为老师学，也不是为父母长辈学，而是为自己的精神成长学，为自己的未来学。

愿广大中小学生能借助这套《爱阅读·课本里的作家》丛书，真正爱上阅读，插上想象的翅膀，飞向未来的广阔天地！

目录

我爱读课文

课本作家作品

我爱
读课文

原文赏读

小熊住山洞

xiǎo xióng zhù shān dòng

课本原文

小熊一家住在山洞里，熊爸爸想砍一些树，盖一间新房子。

春天，熊爸爸带着小熊来到森林里。树上长满了绿油油的叶子，小熊说："爸爸，树叶长得多绿呀！我们还是不要砍了吧！"

夏天，小熊和熊爸爸来到森林里。树上开满了花，小熊舍不得，又说："爸爸，树上的花开得多漂亮啊！就别砍了吧！"

秋天，小熊和熊爸爸来到森林里。树上结着红红的果子，小熊对爸爸说：

“树上结了那么多果子，我不忍心砍。”

冬天，小熊和熊爸爸来到森林里。

熊爸爸刚拿起斧头，忽然听到了树上鸟儿的声音，好像在说：“求求你，别毁了我们的家！”小熊连忙对熊爸爸说："爸爸，你砍了这棵树，小鸟们就没有家了，别砍了吧！”

就这样，一年又一年，小熊一家没有砍树，一直住在山洞里。森林里的动物都很感激小熊一家，给它们送来了好多鲜花和果实。

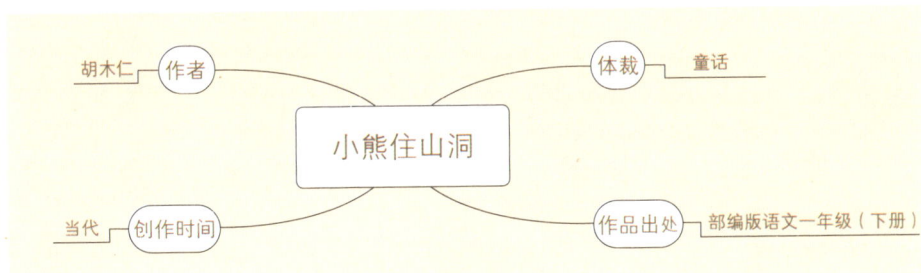

作品赏析

这是一篇以熊为主角的童话故事，讲述了小熊一家想砍些树盖房子，可是小熊始终舍不得砍，所以很多年过去了小熊一家一直住在山洞里的故事。结尾用动物们给小熊一家鲜花的行为告诉大家：小熊一家这样做是对的，值得敬佩、称赞。

识记与拓展

我要学习

1、会写"洞、油、森、结"等生字，会认"熊、砍、盖、毁、感、激"等生字。

2、读准字音、读通句子，分角色朗读。

3、学完本课，懂得保护树木，爱护环境的道理。

会写的字

dòng 洞	部首	笔画	结构	造字	组词
	氵	9	左右	形声	山洞　洞口
辨字	铜（铜钱　黄铜）				
字义	1.物体中间的穿通的或凹入较深的部分。2.穿透。				
造句	小熊一家生活在山洞里。				

yóu 油	部首	笔画	结构	造字	组词
	氵	8	左右	形声	石油　油田
辨字	抽（抽打　抽题）				
字义	1.动植物体内所含的液态脂肪或矿产的碳氢化合物的混合液体。2.被油弄脏。				
造句	爸爸喜欢画油画。				

sēn 森	部首	笔画	结构	造字	组词
	木	12	品字形	会意	森林　阴森
辨字	林（山林　树林）				
字义	1.形容树木多。2.繁密；众多。3.阴暗。				
造句	这里是一片原始森林。				

jiē 结	部首	笔画	结构	造字	组词
	纟	9	左右	象形	结果　结实
辨字	洁（洁白　清洁）				
字义	长出（果实或种子）。				
造句	园地里的南瓜结得又大又多。				

会认的字

xióng 熊	组词
	狗熊 熊猫

kǎn 砍	组词
	砍伐 砍柴

gài 盖	组词
	盖章 瓶盖

huǐ 毁	组词
	毁坏 摧毁

gǎn 感	组词
	感动 感谢

jī 激	组词
	激动 刺激

知识乐园

一、**看拼音，写词语。**
kàn pīn yīn，xiě cí yǔ

shān dòng

jiē guǒ

sēn lín

jiā yóu

二、**比一比，再组词。**
bǐ yi bǐ，zài zǔ cí

森（　　　　）　　　　洞（　　　　）

晶（　　　　）　　　　铜（　　　　）

油（　　　　）　　　　结（　　　　）

抽（　　　　）　　　　洁（　　　　）

三、照样子，写一写。

一朵——（一朵朵）

一束——（　　　　）　一个——（　　　　）

一片——（　　　　）　一只——（　　　　）

一条——（　　　　）　一把——（　　　　）

一堆——（　　　　）　一群——（　　　　）

课本作家
作品

自主阅读

种西瓜
zhòng xī guā

小熊在自家院子里种了一颗西瓜籽。没几天，西瓜籽发芽、长大……

西瓜藤长呀长，爬进了小兔家的院子。

西瓜藤长呀长，爬进了小狗家的院子。

西瓜藤长呀长，爬进了小猴家的院子。

西瓜藤，青青的；开花了，黄黄的；结瓜了，圆圆的。小熊经常浇水、

shī féi
施肥……

xiǎo hóu de yuàn zi lǐ　　jiē le gè
小猴的院子里，结了个

dà dà de guā
大大的瓜。

xiǎo gǒu de yuàn zi lǐ　　jiē le gè dà dà
小狗的院子里，结了个大大

de guā
的瓜。

xiǎo tù de yuàn zi lǐ　　jiē le gè dà dà de guā
小兔的院子里，结了个大大的瓜。

xiǎo xióng de yuàn zi lǐ　　jiē le gè xiǎo xiǎo
小熊的院子里，结了个小小

de guā
的瓜。

sān gè dà dà de guā　　yuè zhǎng yuè dà
三个大大的瓜，越长越大。

yí gè xiǎo xiǎo de guā　　yuè zhǎng yuè xiǎo
一个小小的瓜，越长越小。

guā ér shú le　　xiǎo xióng dāi dāi kàn zhe nà ge xiǎo xiǎo
瓜儿熟了！小熊呆呆看着那个小小

de guā
的瓜。

tū rán　　yuàn mén kǒu chū xiàn le sān gè zhǎng jiǎo yā de dà
突然，院门口出现了三个长脚丫的大

xī guā
西瓜。

yuán lái　　xiǎo tù　　xiǎo gǒu hé xiǎo hóu gěi xiǎo xióng sòng
原来，小兔、小狗和小猴给小熊送

guā lái la
瓜来啦。

xiǎo xióng hěn gāo xìng　　tā shuō　　wǒ men dà jiā yì qǐ
小熊很高兴，它说："我们大家一起

chī ba
吃吧！"

sì gè hǎo péng you yì qǐ chī dà xī guā　　dà xī guā
四个好朋友一起吃大西瓜。大西瓜，

hóng hóng de　　tián tián de
红红的，甜甜的……

小熊送礼

有只老鼠，很狡猾，很会偷东西，连大花猫也没办法。

一天，老鼠又想出了一个新花招，它向小动物们宣布："谁给我送礼，我就不偷它家的东西！"

小动物们害怕老鼠，不敢不送，它们一个一个给老鼠送去了礼物。

小兔，送包饼干；

小猪，送袋糖果；

松鼠，送筐松子；

小猴，送篓果子……

不一会儿，礼物堆成了小山。

这要比偷东西容易多了，老鼠望着送来的礼物，乐得胡子直翘。

shǔ yi shǔ
数一数，

suàn yi suàn lǎo
算一算，老

shǔ xiǎng zěn me xiǎo
鼠想：怎么小

xióng méi sòng lǐ
熊没送礼？

tā gǎn bù lái lǎo
它敢不来！老

shǔ hái méi xiǎng wán
鼠还没想完，

xiǎo xióng káng lái le
小熊扛来了

yì zhī dà zhǐ xiāng
一只大纸箱。

hǎo dà hǎo dà de zhǐ xiāng yí dìng zhuāng le hǎo duō hǎo
好大好大的纸箱，一定装了好多好

duō lǐ wù lǎo shǔ xiào de hé bù lǒng zuǐ ba xiǎo xióng gāng
多礼物。老鼠笑得合不拢嘴巴。小熊刚

zǒu lǎo shǔ jí máng dǎ kāi dà zhǐ xiāng
走，老鼠急忙打开大纸箱。

zhǐ xiāng lǐ tiào chū yì zhī dà huā māo měng de pū
纸箱里，跳出一只大花猫，猛地扑

xiàng lǎo shǔ
向老鼠……

xiǎo dòng wù men xiào le tā men dōu kuā xiǎo xióng zhēn cōng
小动物们笑了！它们都夸小熊真聪

míng huì dòng nǎo zi
明，会动脑子。

14

小熊让路

小熊长得胖胖的，力气很大很大。

小熊在路上走，前面来了小兔。它站在路中间，大声说："小家伙，快给我让路！"小兔怕小熊，只好从路旁的草丛中爬了过去。

不一会儿，小羊从前面走来。小熊又往路中间一站："小家伙，快给我让路！"小羊害怕了，它一声不响地从路边的水沟中蹚了过去。

小猴呢，它更害怕小熊，很远就爬到了路旁的小树上。

小熊多得意："哼，我的力气大，谁都怕我！"

小兔、小羊和小猴，一起去找大狮

子，请大狮子来治小熊。

大狮子笑了笑，点了点头。大狮子走在前面，小兔、小羊和小猴跟在后面。

小熊看见大狮子走过来，心想：这可不得了，我得赶快让路。它站在小路旁，请大狮子先走。

大狮子走到小熊跟前，站在路旁说："小熊，你先过去吧！"

小兔、小羊和小猴听了，都愣住啦："大狮子也怕小熊啊！"

小熊低着头，不好意思地从大狮子身边走过去……

打这之后，小熊看见小兔、小羊、小猴来了，马上站在路旁，让它们先过。

放大镜

小熊有个放大镜。

地里的白菜苗，嫩嫩的，很小很小。

小熊用放大镜看：白菜很大很大。

它把白菜全拔出来。

树上的果儿，嫩嫩的，很小很小。小熊用放大镜看：果儿很大很大。

它把果儿全摘下来。

熊妈妈给小熊留了三个馒头。小熊用放大镜看：小馒头变成大馒头，很大很大。

它说："这么大的馒头，一个都吃不完。"

这时，一只小猫跳到桌上。小熊用放大镜一照：天哪，一只大老虎，张着血盆大口……

17

小熊转身就逃，啪嗒一声，摔了个嘴啃泥。小熊大哭："我的宝镜！我的宝镜！"

小熊的放大镜，碎了。

小狗看瓜

藤青青，瓜圆圆。西瓜熟了。晚上，老爷爷叫小狗看瓜田，小狗挺高兴。

獾子想偷吃西瓜，可它不敢走近瓜田。

獾子找狐狸商量："狐狸先生，世界上您最聪明了！如果您能把看瓜田的小狗骗开，我就送给您很多礼物。"

狐狸笑嘻嘻地拍着胸脯说："这个包在我身上。"晚上，狐狸来到瓜地，走近小狗，装出关心的样子说："这么晚了，谁还会来偷瓜，快去歇歇吧！"

"獾子最喜欢在这个时候来偷瓜了。"小狗瞪着眼睛，竖起耳朵，注视着瓜田

19

zhōu wéi de dòng jing
周围的动静。

hú li quàn xiǎo gǒu　　nǐ qù xiē xie　wǒ bāng nǐ shǒu zhe
狐狸劝小狗："你去歇歇，我帮你守着。"

xiǎo gǒu zhèng xiǎng qù hē shuǐ　jiù dā ying hú li bāng tā
小狗正想去喝水，就答应狐狸帮它
shǒu yí huìr　　gāng zǒu le jǐ bù　tā yòu pǎo huí lái　duì
守一会儿。刚走了几步，它又跑回来，对
hú li shuō　　bù xíng　wǒ bù néng lí kāi
狐狸说："不行，我不能离开。"

hú li jiàn piàn bù kāi xiǎo gǒu　yǎn zhū yí zhuàn　xiǎng chū
狐狸见骗不开小狗，眼珠一转，想出
le xīn zhǔ yi　　tīng shuō nǐ sài pǎo dé guò jiǎng　wǒ kě bú
了新主意："听说你赛跑得过奖，我可不
xìn　jīn wǎn wǒ hé nǐ bǐ bi
信。今晚我和你比比？"

bǐ jiù bǐ　　xiǎo gǒu zuì hào qiáng le　tā hé hú
"比就比！"小狗最好强了。它和狐
li lái dào lí guā tián bù yuǎn de lù shàng
狸来到离瓜田不远的路上。

yù bèi　pǎo　　hú li hé xiǎo gǒu yì qǐ měng pǎo
"预备，跑！"狐狸和小狗一起猛跑
qǐ lái　xiǎo gǒu gāng pǎo jǐ bù　tū rán tíng xià lái　zěn
起来。小狗刚跑几步，突然停下来。"怎
me　nǐ bù bǐ le　rèn shū le　hú li wèn　yào
么？你不比了，认输了？"狐狸问。"要
bǐ　yǐ hòu zài bǐ　xiǎo gǒu zǒu huí guā tián
比，以后再比。"小狗走回瓜田。

hú li yí jì bù chéng　yòu shēng yí jì　gāng cái
狐狸一计不成，又生一计："刚才，
wǒ zài shān nà biān　kàn jiàn yì duī hěn hǎo chī de dōng xi
我在山那边，看见一堆很好吃的东西……"

“什么东西？”小狗的肚子早饿得咕咕直叫。

“一堆很香的肉骨头。”狐狸说，“你快去吃吧！”

小狗想了想，真的走了。狐狸可高兴了，马上轻轻地喊：“獾子，快来，小狗走了。”

藏在草丛里的獾子，猛地跳出来，扑向瓜田。“哎哟！”獾子被小狗抓住了。原来，小狗装着去拿骨头，悄悄地藏在一个大西瓜后面。獾子大喊饶命，狐狸一看不妙，赶紧溜走了。

老爷爷来了，给小狗送来好吃的东西。

藤青青，瓜圆圆。老爷爷望望瓜田，抚摸着小狗，笑得连胡子也翘起来了。

21

小鼓咚咚

小鼓圆圆的。轻轻敲，咚咚咚，声音真好听。小猴叫它咚咚小鼓，小狗叫它小鼓咚咚。咚咚咚！咚咚咚！小猴和小狗想：这么好听的声音，让它传很远很远，小动物们都能听到，那该多好呀！

小猴和小狗找来一根大木棍。小鼓说："别这样，我的肚皮会被敲破的。"

小猴和小狗不信，使劲敲，轰隆隆！轰隆隆！啪的一声，小鼓的肚皮破了。咚咚跑了，跑得不见踪影。

小鼓哭了。小猴和小狗对小鼓说："别哭，我们把咚咚追回来。"

小猴和小狗跑得气喘吁吁。它们能把咚咚追回来吗？

钥匙

熊妈妈要外出，把房门钥匙挂在小熊的脖子上；狗妈妈要外出，把房门钥匙挂在小狗的脖子上。

小熊和小狗一起玩游戏，啪的一声，两把钥匙掉在地上。钥匙一模一样，看不出有什么区别。哪把钥匙是小熊的？哪把钥匙是小狗的？

小熊和小狗想：钥匙差不多，随便拿一把。

　　一会儿，熊妈妈和狗妈妈回来了，拿钥匙去开房门。熊妈妈打不开房门，狗妈妈也打不开房门。

　　这是怎么回事？小熊和小狗说："两把钥匙掉在一起，我们随便拿了一把。"

　　两把钥匙换了换，熊妈妈和狗妈妈都把房门打开了。熊妈妈和狗妈妈告诉小熊和小狗："一把钥匙开一把锁呀！"

刺猬树

老奶奶养了一只小刺猬，它成了老奶奶的好朋友。

不久，老奶奶生病了，不能出门，只好整天待在房子里。

"现在是什么季节呀？"老奶奶问。

"春天来了！"小刺猬说。

"春天，树叶多美呀……我想看看绿叶。"

小刺猬轻轻地走出房子，来到树林里，摘下最美最嫩的绿叶，披在自己身上……

不一会儿，老奶奶的眼前出现了一棵绿色的"小树"。

老奶奶好高兴，闻了又闻，摸了又摸。

guò le hǎo xiē rì zi lǎo nǎi nai wèn xiǎo cì wei xiàn
过了好些日子，老奶奶问小刺猬："现

zài shì shén me jì jié ya
在是什么季节呀？"

xiǎo cì wei shuō xià tiān
小刺猬说："夏天。"

lǎo nǎi nai shuō xià tiān de huā hǎo měi a
老奶奶说："夏天的花好美啊……"

xiǎo cì wei pǎo shàng shān pō cǎi le xǔ duō xǔ duō yě huā
小刺猬跑上山坡，采了许多许多野花

pī zài shēn shàng
披在身上。

yì kē kāi mǎn xiān huā de xiǎo shù chū xiàn zài lǎo nǎi nai
一棵开满鲜花的"小树"出现在老奶奶

27

的面前，好香好美呀！老奶奶流出快乐的
泪水。

不久，秋天到了，老奶奶看见了挂满果
子的"小树"，她摘下一个果子尝尝，味道
甜极了。

这棵小树为什么会走进自己的屋子？
老奶奶问小刺猬，小刺猬支支吾吾……

天冷了，冬天来了。

老奶奶想起小时候扔雪球、堆雪人的
情景。她想，能看看雪花，该多好呀。

突然，一棵披满雪花的"小树"走进屋
子，小雪树满身雪白雪白……

屋里很暖和，树上的雪慢慢化了。

啊，原来是小刺猬！老奶奶不知说什
么才好，嘴里不停地说着："刺猬树！刺
猬树！"

大西瓜

熊爷爷在山坡上种瓜。它忙着浇水、施肥、除草、捉虫……

发芽、成长、开花，长长的青藤上，结了个西瓜。

西瓜越长越大，成熟了。

大西瓜，好大好大，一辆大卡车，装个大西瓜。

嘀嘀嘀！大西瓜运到城里啦！

小动物们围着大西瓜，议论纷纷："西瓜这么大，怎样吃呢？"

熊爷爷找来一个自来水龙头，安在大西瓜上。一拧龙头，哗啦哗啦，西瓜汁像自来水一样流出来啦！

小动物们你一杯，我一碗，喝着香甜的西瓜汁，乐得笑哈哈。

救救小青蛙

有只小青蛙，不小心掉进一口枯井里。枯井很深，小青蛙跳不上来，急得大喊："救命啊！"

旁边的草地上，几只小兔在玩气球，听见喊声，跑过来。枯井这么深，怎么救小青蛙呢？一只小兔拿来竹竿，可是，小青蛙不会爬树……啊，有了，用气球。

小兔们找来一些石块。气球上系了石块，慢慢落到井底。

小青蛙解下石块，把绳子系在身上。

一个不行，两个，三

救青蛙

个……小青蛙身上系满了气球。

气球带着小青蛙，慢慢地升起来。气球飞出井口，飘到了空中。

小青蛙刚刚脱离危险，又遇到了新的危险。几只小兔急得大喊："救救小青蛙！救救小青蛙！"

xiǎo niǎo fēi lái　　bǎ qì qiú zhuó pò　　zhuó pò yí gè
小鸟飞来，把气球啄破。啄破一个，

xiǎo qīng wā xià jiàng yì diǎn　　zhuó pò liǎng gè　　xiǎo qīng wā yòu
小青蛙下降一点；啄破两个，小青蛙又

xià jiàng yì diǎn
下降一点……

yí gè gè qì qiú pò le　　xiǎo qīng wā píng ān luò dào
一个个气球破了，小青蛙平安落到

dì miàn
地面。

xiǎo qīng wā dé jiù le　　piào liang de qì qiú méi le　　xiǎo
小青蛙得救了，漂亮的气球没了。小

tù men bú zài hu　　gāo xìng de shuō　　zhǐ yào jiù le xiǎo qīng
兔们不在乎，高兴地说："只要救了小青

wā　　jǐ gè qì qiú bú suàn shén me
蛙，几个气球不算什么。"

xiǎo qīng wā mǎi lái yì duī qì qiú　　sòng gěi xiǎo tù men
小青蛙买来一堆气球，送给小兔们。

小兔过生日

家里来了很多客人：小羊、小猪、小猴、小猫……最后小狗也来了。

小狗给小兔带来一袋生日礼物，有吃的，有用的，有玩的……小兔挺高兴。

它请小狗坐好凳子。

它请小狗吃好糖果。

它跟小狗说说笑笑……

小动物见了，觉得没意思，一个接着一个，悄悄走了。

屋子里，只剩下小兔和小狗了。

热热闹闹的生日宴会，一下子变得冷冷清清，这是为什么呢？

小兔和小狗都愣住了。为什么都走了？

小狗抓狐狸

下雪了，好厚好厚的一层雪呀。一只狐狸饿极了，偷偷地钻进村子……

狐狸在村子里偷鸡、偷鸭，闹得大家不得安宁。村子里有只小狗，叫小黑，全身黑黑的。它很想抓住可恶的狐狸，但在雪地里，狐狸很容易发现它。小黑抓不到狐狸，开始动脑筋。终于，它想出了个主意。

狐狸又到村子里偷鸡、偷鸭了，它向四周张望着，可哪儿也看不到小黑的影子。狐狸想：小黑抓不到我，灰心了，一定躲进屋子睡觉去了……它大着胆子走近鸡舍、鸭舍。狐狸刚刚伸出爪子，雪地里猛地跳出一只小白狗，抓住了狡猾的狐狸。怎么来了一只小白狗呢？只见小狗抖掉身上的雪花，哈哈，原来就是小黑狗啊！

雪白的小凉帽

小白兔要去旅行，妈妈送给它一顶小凉帽。

一只小鸟受伤了，小白兔说："我送你回家。"一条大河挡住了路，小凉帽变成一只船，漂呀，漂呀，渡过了河。

下雨了，小凉帽变成一顶小帐篷，又暖和，又舒服。

走哇，走哇，小鸟想妈妈了，哭了起来。小白兔说："咱们荡秋千吧！"小鸟荡啊，荡啊，快乐极了。

天黑了，小白兔把小凉帽放到树上，让小鸟在里边睡觉。啊，小鸟终于看见了自己的家！

鸟妈妈对小白兔说："你真是个好孩子，谢谢你！"

小红叶

有只小蚂蚁，想外出旅行，有片小红叶，知道了小蚂蚁的心事，它对小蚂蚁说："别急，别急，我可以帮助你。"

小蚂蚁听了，心里挺高兴，它把小红叶背到小溪边，放进溪水里。小红叶，变成了小彩船。小蚂蚁，坐进小彩船，沿着小溪，漂了好久好久，好远好远。小彩船靠岸了，小蚂蚁把小彩船拉上岸，晒晒太阳。

突然，下起了大雨。小红叶变成了一把红雨伞，小蚂蚁躲在这把红雨伞下避雨。

雨停了，天晚了，小蚂蚁只好躺在小红叶下面睡觉。

yè shēn le　　xiǎo hóng yè biàn chéng le
夜深了，小红叶变成了

xiǎo zhàng peng　　xiǎo mǎ yǐ zài zhàng peng xià
小帐篷。小蚂蚁在帐蓬下，

shuì de xiāng xiāng de　　tián tián de
睡得香香的，甜甜的。

dì èr tiān　　xiǎo mǎ yǐ zuò zài xiǎo hóng yè shàng　　xiǎo hóng
第二天，小蚂蚁坐在小红叶上，小红

yè màn màn de fēi qǐ lái le　　yuè fēi yuè kuài　　yuè fēi yuè gāo
叶慢慢地飞起来了，越飞越快，越飞越高。

xiǎo hóng yè　　biàn chéng le xiǎo fēi chuán　　xiǎo mǎ
小红叶，变成了小飞船。小蚂

yǐ　　zuò zhe xiǎo fēi chuán　　fēi guò dà shān　　fēi guò tián yě
蚁，坐着小飞船，飞过大山，飞过田野，

fēi guò xiǎo xī
飞过小溪……

xiǎo fēi chuán　　píng píng ān ān luò dào le dì miàn　　xiǎo mǎ
小飞船，平平安安落到了地面。小蚂

yǐ huí jiā le　　huí dào le mā ma de huái bào　　tā bǎi dòng zhe
蚁回家了，回到了妈妈的怀抱。它摆动着

liǎng zhī xiǎo chù jiǎo　　xiàng tā de tóng bàn men jiǎng shù zhe lǚ xíng
两只小触角，向它的同伴们讲述着旅行

tú zhōng yí gè gè yǒu qù de gù shi
途中一个个有趣的故事……

xiǎo mǎ yǐ hěn gǎn jī xiǎo hóng yè
小蚂蚁很感激小红叶。

tā bǎ xiǎo hóng yè fàng jìn yì běn měi lì de tóng huà shū
它把小红叶放进一本美丽的童话书

lǐ　　zhè yàng　　xiǎo mǎ yǐ tiān tiān néng jiàn dào xiǎo hóng yè
里。这样，小蚂蚁天天能见到小红叶，

tā liǎ tiān tiān dōu yào shuō jǐ jù qiāo qiāo huà
它俩天天都要说几句悄悄话……

咬手的口袋

袋鼠妈妈坐车进城。

狐狸看见袋鼠妈妈上车，直愣愣地盯着袋鼠妈妈圆圆的、鼓鼓的口袋。

狐狸心里想："那口袋里一定装着好多好多钱。"于是，狐狸悄悄地朝袋鼠妈妈身边挤去。

狐狸挤到袋鼠妈妈身边了，它悄悄地

把手伸进袋鼠妈妈胸前的大口袋里……

"哎哟！疼死我啦！"狐狸突然大叫起来。

车上的乘客全都望着狐狸，噢，狐狸的手，被袋鼠妈妈的口袋咬住了，狐狸使劲地拔呀拔，想把手从袋鼠妈妈的口袋里拔出来。

狐狸好不容易拔出手来，可是，狐狸的手指头还被袋鼠娃娃牢牢咬着呢，车上的乘客都哈哈大笑起来。

袋鼠妈妈笑眯眯地说："好乖乖，快松口，狐狸的手又臭又脏。"

袋鼠娃娃一松口，又缩回到妈妈的口袋里。

车上又是一阵哈哈大笑，狐狸羞得满脸通红。

尾巴

小老鼠和小蜥蜴在一块玩耍。

小猫来了，小老鼠跑了。小猫咬住小蜥蜴的尾巴。

小蜥蜴用力一甩，尾巴断了，它跑了。过些日子，小老鼠见到小蜥蜴，看见小蜥蜴长出了新的尾巴……

小猫扑来，小蜥蜴跑了。小老鼠来不及跑，被小猫咬断了尾巴。

好不容易，小老鼠逃回家。它想："我要像小蜥蜴一样，长出新的尾巴。"

过了一天又一天，小老鼠没长出新的尾巴。

小老鼠很着急，去问小蜥蜴："你的尾巴断了，能长出新的尾巴，为什么我不行呢？"

两只小公鸡

两只小公鸡，外出玩耍。

它们看见两只小羊，为了一点青草，争争吵吵。两只小公鸡齐说："这不好！不好！"

它们看见两只小狗，为了一根骨头，争争吵吵。两只小公鸡齐说："这不好！不好！"

它们看见两只小猫，为了一条小鱼，争争吵吵。两只小公鸡齐说："这不好！不好！"

两只小公鸡，走哇，笑呀，突然，它们看见了一条小虫。

一只小公鸡说："是我先看见的！"

另一只小公鸡说："是我先看见的！"

41

tā men zhēng zhēng chǎo chǎo　　zhēng de hǎo xiōng　　chǎo de
它们争争吵吵，争得好凶，吵得
hǎo lì hai　 xiǎo yáng　　xiǎo gǒu hé xiǎo māo　　pǎo guò lái kàn
好厉害。小羊、小狗和小猫，跑过来看。
tā men dōu shuō　　zhè bù hǎo　　bù hǎo
它们都说："这不好！不好！"
dà xiàng bó bo gǎn guò lái　　quàn zhù le liǎng zhī xiǎo
大象伯伯赶过来，劝住了两只小
gōng jī　 tā shuō　　wèi le yì diǎn xiǎo shì　　zhēng zhēng
公鸡，它说："为了一点小事，争争
chǎo chǎo　　nǐ men dōu zhī dào bù hǎo　　wèi shén me hái zhè yàng
吵吵，你们都知道不好，为什么还这样
zuò ne
做呢？"

小羊，小狗和小猫，不好意思低下了头，两只小公鸡呢，更不好意思，它俩羞得脸儿通红通红……

苹果树

田野里有一棵苹果树。

春天，苹果树长出了绿叶。一只小鸟飞来了，苹果树说："欢迎你来做客。"小鸟就落到树上唱歌。

夏天，苹果树开出了花朵。两只小鸟飞来了，苹果树说："欢迎你们到我这里来。"两只小鸟落到树上唱歌。

秋天，苹果树上结出了苹果。三只小鸟飞来了，苹果树说："欢迎你们到这里来做客。"三只小鸟一齐落到苹果树上，快活地唱着歌。

寒冷的冬天来了，天上飘起了雪花，苹果树的叶子全落了，变得光秃秃的。它很寂寞。

突然，许多小鸟飞来了。小鸟都落到苹果树上唱歌。苹果树变成了一棵鸟树，它一点儿也不孤独了。苹果树高兴地说："小鸟，小鸟。你们真是我的好朋友。"

猫爷爷送的网

小猫，爱吃鱼，但它不会捕鱼。

"噔！噔！噔！"猫奶奶来了，它送来了几只小虾。小猫一下子就吃光了。

"噔！噔！噔！"猫婶婶来了，它送来了几条小鱼。小猫一下子就吃光了。

一天过去了，又一天来了。小猫肚子饿得咕咕叫。

它等啊，盼哪，"噔！噔！噔！"猫爷爷来了。小猫真高兴，心想：猫爷爷一定送来了好多好多条鱼。

打开门一看，猫爷爷笑嘻嘻地送来了一张鱼网。猫爷爷走了。小猫望着鱼网，网不能吃，怎么办？猫爷爷真小气！

想啊想，越想肚子越饿……网能捕鱼，我可以试试呀。小猫提着网，懒洋洋地朝着小河边走去，来到小河边，费劲地撒下第一网。网没撒好，只捕到几条小鱼。小猫吃着自己捕到的小鱼，觉得很香呢！

第二天，小猫又去河边撒网。捕到了几条大鱼……小猫的兴趣来了，网越撒越好，鱼越捕越多。小猫捕的鱼，吃也吃不完。

它望着闪亮的鱼网，突然明白了猫爷爷送鱼网的一片苦心。小猫带着自己捕的鱼，高兴地跑出家门，它要去找猫爷爷，多说几声"谢谢"！

奇怪的药方

小狗吃了睡，睡了吃。时间一长，它吃什么也不香了。小狗想：我生病了。小狗吃了些药，还是不想吃东西。最后，它只好去找著名的啄木鸟医生看病。

啄木鸟医生给小狗开了一个药方，还嘱咐：要到熊爷爷家里去抓药，路上还不准看……真奇怪！

到熊爷爷家很远很远，要翻过几座山。小狗不想去，可又没办法，只好上路了。

小狗翻过一座山，又翻过一座山。它累了，也饿了。好不容易才来到熊爷爷家。

小狗把药方交给熊爷爷，熊爷爷笑眯眯地端出四个白馒头请小狗吃。

小狗早就饿了，一见白馒头，抓起来就大口大口地吃，真香真甜。小狗很久没吃过这么好吃的东西了。

一会儿，四个馒头被小狗吃得精光。它对熊爷爷说："谢谢，我要回家了，请给我抓药吧！"

抓药？熊爷爷说："刚才不是抓给你了吗？"

小狗不信，熊爷爷把药方给小狗看。小狗一看，药方上写着：四个馒头。

小狗明白了。

从这以后，小狗早起早睡、勤锻炼、爱劳动。身体棒棒的，吃什么都香、都甜。

奇怪的药方并不奇怪。小朋友，你们知道是怎么回事吗？

小路上的石头

小猪在小路上垒房子玩，小路上留下了好多石头。

小兔来了，看了看石头说："谁不注意，会绊着摔跤的。"它从石头边绕了过去。

小狗来了，瞧了瞧石头说："谁不注意，会绊着摔跤的。"它从石头上跳了过去。

小猴来了，望了望石头，心想："谁不注意，会绊着摔跤的。"它把石头都搬开了。

大家都夸小猴做得对！

蒲公英

我是蒲公英娃娃。

我喜欢蓝天，我喜欢阳光

我爱飞，飞得高高的，远远的……

我看见肥沃的田野，禾苗向我招手；

我看见美丽的城市，小朋友向我招手；

我看见宽阔的大海，船向我招手……

我摇摇头。

我飞呀飞呀，飞得高高的，远远的，

我一边飞，一边寻找我安家的地方……

三个小伙伴

小野猪、小象和小袋鼠，三个小伙伴一块儿上山栽树。

没有锄头挖树坑，怎么办？小野猪说："不要紧，不要紧，我有硬硬的嘴巴。"

xiǎo yě zhū yòng zuǐ ba gǒng tǔ　　gǒng a gǒng a　　bù
小野猪用嘴巴拱土，拱啊拱啊，不

yí huìr　　gǒng chū le yí gè shù kēng
一会儿，拱出了一个树坑。

méi yǒu gōng jù yùn féi liào　　zěn me bàn　　xiǎo dài shǔ
没有工具运肥料，怎么办？小袋鼠

shuō　　bú yào jǐn　　bú yào jǐn　　wǒ yǒu yí gè pí kǒu dai
说："不要紧，不要紧，我有一个皮口袋。"

xiǎo dài shǔ yòng pí kǒu dai yùn féi liào　　yí dài yí dài
小袋鼠用皮口袋运肥料，一袋一袋，

55

不一会儿，肥料准备好了。

三个伙伴把小树栽进坑里，施上肥料，培上泥土……

没有水桶浇水，怎么办？小象说："不要紧，不要紧。我有长长的鼻子。"

小象用长鼻子吸水。把小树坑浇得湿湿的。

小树栽好啦！三个小伙伴手拉着手，围着小树，又跳又笑，真高兴！

淘气的小猴

小猴戴上鸭舌帽，它说："我多像小鸭子。"

它学小鸭子走路。

它学小鸭子唱歌："嘎——嘎——"

小鸭子很生气："你能学我们游水吗？"

小猴说："这有什么难的。"

扑通！小猴跳进水里。

可小猴不会游泳，急得大喊："救命啊！"

小鸭子游过来，把小猴救上了岸。

小猴红着脸说："我再不学你们了。"

小鸭说："是呀，各有各的短处，各有各的长处。"

小翠鸟

有只小鸟，它没长羽毛，不会飞。

小鸟唱的歌很动听。它一唱，林子里变得很静很静。小草、绿叶、花朵……伴着小鸟的歌声，轻轻起舞。

鸟妈妈背着小鸟去参加唱歌比赛，得了第一名。小鸟说："我不要金牌，请奖给我一片羽毛吧！"

小鸟有了第一片羽毛。

一次又一次比赛，小鸟的身上插满了各种颜色的羽毛，五光十色，漂亮极了。

小鸟有了羽毛，它慢慢就会飞啦。

小鸟变成了一只美丽的小翠鸟。为了感谢大家，它在林子里飞来飞去，天天给大家唱歌……

小蚂蚁

小蚂蚁发现地上有一座"大山"。

它闻了闻，喷香喷香的。它想把它背回家，可背不动。

小蚂蚁喊来了一只小蚂蚁，两只一起抬，可抬不动。

小蚂蚁喊来许多小伙伴。

它们背的背，抬的抬，推的推，拉的拉，"嗨哟！嗨哟！"

这座"大山"慢慢地向前移动了。

"大山"被运到小蚂蚁的家，大家高兴得又跳又笑……

"大山"是什么？哦，是一块干面包。多美的一顿晚餐啊！

蓝手绢

小象有条很大的蓝手绢，可它嫌它太小了，随手一扔。

蓝手绢盖住了小草。小草说："我们被盖住了，请你拿走吧！"

小象捡起蓝手绢，又随手一扔。

蓝手绢盖住了小花。小花说："我们被盖住了，请你拿走吧。"

小象捡起蓝手绢，不知该往哪儿扔。

小兔说："别扔，送给我吧。"

小兔用蓝手绢做了一条裙子，又合身又漂亮。

小象不明白，我用着不合适的东西，小兔为什么会有大用处呢？

赶星星

小星星悄悄地在清清的池水里洗澡。

小猴看见了，它拿着竹竿，想把小星星赶回天上去。

赶哪赶，小星星不见了。

可不一会儿，小星星又出现在池水里，一闪一闪的。

小猴很生气。小象看见了，它说："让我来吧！"

小象把鼻子伸进水里，"扑哧！扑哧！"小星星被吸进象鼻子里。小象扬起鼻子，"噗"的一声，小星星被喷到了天上。月亮妈妈笑着说："谢谢你们！"

丢了壳的小乌龟

有只小乌龟想外出玩耍，它嫌龟壳太笨重，就偷偷地扔在了家里。

没有龟壳的小乌龟跑得快多了，它心里真高兴。

小乌龟去找小狗玩，可小狗不认识它，摇着尾巴走开了。

xiǎo wū guī qù zhǎo xiǎo māo wán　　xiǎo māo yě
小乌龟去找小猫玩，小猫也

bú rèn shi tā　　miāo miāo jiào zhe zǒu kāi le
不认识它，喵喵叫着走开了。

hú li kàn jiàn le xiǎo wū guī　　gāo xìng de jiào
狐狸看见了小乌龟，高兴地叫

着："这是什么东西？肉嫩嫩的，准好吃。"
边说边扑过来。

小乌龟吓坏了，没命地向前跑，前面有间小房子，它赶紧钻了进去……

哈！原来是自己丢下的乌龟壳，狐狸面对硬硬的龟壳，只好走开了。

从此以后，小乌龟再也不扔掉龟壳了，它明白笨重的龟壳是自己生命的保护伞。

贪吃的蜘蛛

蜘蛛，在墙角织张网儿，蜘蛛捉了好多蚊子和苍蝇。

它吃的饱饱的，长得圆滚滚的。

突然蜘蛛听到了小鸟的叫声，它想：小鸟的味道一定比蚊子、苍蝇好。

蜘蛛把网儿织在林子里。

一只小鸟，叽叽喳喳地叫着，朝网儿撞来，蜘蛛高兴极了。

扑哧！网儿被小鸟撞了一个大窟窿。

小鸟没捉到，网儿破了，贪吃的蜘蛛差点儿还送了命。

好听的门铃

山羊公公家新安了门铃。只要轻轻一按，门铃就会"唱"起歌来，真好听！

小兔想按铃，但够不着。

小狗想按铃，也够不着。

小猪想按铃，还是够不着。

小猴跑过来，它轻轻一按，门铃响了。山羊公公开门一看，问："你们有事吗？"小动物们有些不好意思，但看见山羊公公手里提着的垃圾袋，便说："我们帮您把垃圾倒了吧！"

山羊公公看看它们，又看看门，笑眯眯地说："太谢谢你们了！"

小动物们又去山羊公公家。咦？门铃安得很低，大家都能够着啦！

小小熊

太阳公公圆圆的脑袋，笑嘻嘻地望着小小熊。小小熊起床了。

小小熊自己穿衣服。穿哪穿，穿进一只手，又穿进一只手。怎么？衣服前面没开口子，也没有领子。

"妈妈，妈妈，快来呀！"小小熊喊。

熊妈妈跑过来一看：哟，小小熊把衣服穿反了。

小小熊继续穿哪穿，穿进一只脚，又穿进一只脚。怎么？只有一只脚了。

"爸爸，爸爸，快来呀！"小小熊喊。

熊爸爸跑过来一看：哟，小小熊把两只脚穿到一只裤脚管里了。

小小熊自己穿鞋子。穿哪穿，穿

上鞋子，又系上鞋带。怎么？两只脚分不开了。"爷爷，爷爷，快来呀！"小小熊叫道。

熊爷爷跑过来一看：哟，小小熊把两只鞋系在一起了。

小小熊自己洗脸。它走到脸盆前面，又大叫起来："奶奶，奶奶，我掉到水里去了！"

68

熊奶奶跑过来一看：哟，清清的水里，只有一个小小熊，那是小小熊的倒影。

太阳公公再也忍不住了，"扑哧"一声笑了起来。

你觉得，明天小小熊还需要这样大喊大叫吗？

敢说"不"

小兔胆子很小很小。

小狗瞪着眼睛对它说:"快把你的铅笔给我!"小兔乖乖地把铅笔交给了小狗。

小猫瞪着眼睛对它说:"快把你的玩具给我!"小兔乖乖地把玩具交给了小猫。

小羊瞪着眼睛对它说:"快把你的糖果给我!"小兔乖乖地把糖果交给了小羊。

小狗、小猫和小羊在一起嘀咕,它们叫小兔去偷熊猫奶奶晒的枣子。小兔很生气,瞪着眼睛大声说:"不!"好大好大的声音,把小狗、小猫和小羊吓跑了。从这以后，它们再也不敢向小兔要这要那、叫小兔做这做那了。

胆子很小很小的小兔，也敢说"不"了，也知道什么时候该说"不"了！

香甜小溪

小兔家门前，有一条清清的，又香又甜的小溪。可有一天，溪水突然变苦了，变黄了，这是怎么回事呢？

小兔沿着小溪，向上游走去。走哇走哇，小兔看见野猪和大象正在那儿拔树。

你拔一棵，我拔一棵，它们在比赛，比谁的力气大。一片树林，快被它们拔光了。

嗒嗒嗒！雨点儿落下来，把泥土冲进了小溪，溪水变黄了，变苦了……

小兔跑过去大叫："别拔了！你们毁掉了小溪的水。"

"这和溪水有什么关系？"野猪和大象问。

小兔要大象和野猪自己去试试。大象走近小溪吸水，泥沙把鼻子堵住了。

野猪跳进小溪洗澡，越洗越黄，像只泥猪。

野猪和大象现在又开始比赛栽树。

小兔呢，帮着背树苗……

树栽好了，树长大了，小溪又变清了，香香的，甜甜的。

野猪和大象当上了护林员，谁要是毁坏树林，得小心野猪的嘴巴和大象的鼻子。

哗啦，哗啦！小溪笑着，跳着，跑着……住在小溪两岸的动物们，现在都爱唱一支歌："我爱小溪，小溪爱我！"

咬屁股的凳子

小兔家，有张小凳子。小凳子非常漂亮，大家都想坐坐。

小狗坐坐，咬了屁股。

小猫坐坐，咬了屁股。

小兔坐坐，咬了屁股……

小凳子，咬屁股，变成了怪凳子。

小兔子很生气，要把小凳子扔了。

小熊说："别扔！别扔！让我看看。"

小熊仔细看了看小凳子，轻轻拍拍、轻轻摸摸……

小熊找来一把小钳子，小动物们很奇怪："小熊要干什么？"

小熊拔掉了小凳子上的一颗小钉子，笑嘻嘻地说："大家再坐坐。"

xiǎo gǒu zuò zuo shū fu jí le
小狗坐坐，舒服极了。

xiǎo māo zuò zuo shū fu jí le
小猫坐坐，舒服极了。

xiǎo hóu zuò zuo shū fu jí le
小猴坐坐，舒服极了……

xiǎo dèng zi zài yě bù yǎo pì gu la
小凳子，再也不咬屁股啦！

dà jiā dōu kuā jiǎng xiǎo xióng xiǎo xióng wàng wang dà jiā
大家都夸奖小熊，小熊望望大家，

wàng wang xiǎo dèng zi hái tǐng bù hǎo yì si ne
望望小凳子，还挺不好意思呢！

洗　澡

小鸡在沙子里滚哪滚。小狗问："小鸡，你在干什么呀？"

小鸡说："我在洗澡。"

小鸟用嘴在羽毛上刷呀刷。小狗问："小鸟，你在干什么呀？"

小鸟说："我在洗澡。"

小象用鼻子吸满清水，朝身上喷哪喷。小狗问："小象，你在干什么呀？"

小象说："我在洗澡。"

小狗想了想，蹲在地上，伸出舌头，在身上舔哪舔……

小鸡、小鸟、小象问："小狗，你在干什么呀？"

76

小狗笑嘻嘻地说："我也在洗澡呀！"

用沙，用嘴，用鼻子，用舌头……

哦，小动物们洗澡的方法很多很多，又新奇，又有趣。

一列小火车

袋鼠妈妈带着袋鼠娃娃进城买东西。

这家商店进、那家商店出，袋鼠妈妈买了很多很多东西，水果呀，饼干哪，玩具哇……

这么多东西，怎么拿回家？袋鼠妈妈着急了。袋鼠娃娃一个一个从妈妈胸前的口袋里跳出来说："我们都有小口袋，也能装东西呀！"

袋鼠娃娃和袋鼠妈妈把东西都装在自己的口袋里。袋鼠妈妈走在前面，袋鼠娃娃一个一个跟在后面，像一列小小的火车，笑嘻嘻地回家啦！

好邻居

小兔爱唱爱跳。

这几天，它不唱不跳，走路轻轻地，说话轻轻地……兔妈妈以为小兔生病了，要抱它上医院看病。

"不，我没病。"小兔悄悄地和妈妈说，原来，住在楼下的山羊公公生病了，正躺在家里休息。

兔妈妈带着小兔，一起到楼下看望山羊公公。山羊公公起床了，它笑眯眯地说："我的病已经好多了，谢谢你们的关心，你们真是我的好邻居呀！"

好邻居！小兔听了，笑得甜甜的……

一片小红叶

娟娟捡到了一片非常漂亮的小红叶。她把小红叶轻轻地夹在画刊里。

娟娟坐在小溪边的草地上看画刊。

"救命呀！"娟娟抬头见到一只小蚂蚁在水里挣扎。娟娟拿起小棍子，想救小蚂蚁。可棍子太短了，够不着。

怎么办？娟娟拿出那片心爱的小红叶，她把小红叶放进了小溪。小红叶飘到了小蚂蚁身边。

小蚂蚁爬上了小红叶，小蚂蚁得救了，可小红叶也顺水漂走了。娟娟望着小溪，想着她那片心爱的小红叶。

突然，娟娟的眼前，出现了一个动人的画面：好多好多小蚂蚁，抬来好多好多小红叶送给娟娟，每一片都很漂亮！

小猴和小兔

小猴，爱乱扔果皮。

小兔批评它，小猴扮个鬼脸说："我没扔！我没扔！"

小兔跟在小猴后面捡，捡了一大包。

小猴回头一看，以为小兔捡了它的东西，

就问小兔："你捡了什么东西？快还给我。"

"不给！不给！"小兔故意地说。

小兔跑，小猴追。路上碰到熊猫老师。熊猫老师拦住它们，说："不要在马路上追跑。"

小猴说："小兔捡了我的东西，不还给我。"

"捡了别人的东西，应该还给它，这才是好孩子。"熊猫老师说。

xiǎo tù bǎ bāo jiāo gěi le xiǎo hóu　　xiǎo hóu dǎ kāi yí kàn
小兔把包交给了小猴。小猴打开一看，

lèng zhù le 　　yō 　　shì zì jǐ rēng de xiāng jiāo pí
愣住了：哟，是自己扔的香蕉皮。

xiǎo hóu hóng zhe liǎn 　　bǎ xiāng jiāo pí quán rēng jìn le lā jī
小猴红着脸，把香蕉皮全扔进了垃圾

xiāng lǐ
箱里……

xióng māo lǎo shī xiào le 　　xiǎo tù yě xiào le 　　xiǎo hóu
熊猫老师笑了，小兔也笑了，小猴

ne 　　bù zhī duǒ dào nǎr 　　qù le
呢，不知躲到哪儿去了。

84

动物饼干

三只小兔坐在一块儿吃东西，它们边吃、边笑、边说。

第一只小兔说："我吃一只狐狸。"第二只小兔说："我吃一只大灰狼。"第三只小兔说："我吃一只老虎。"

躲在树后的狐狸、大灰狼、老虎听到了，吓得慌忙逃跑。

叽喳！叽喳！叽喳！小鸟边飞边叫："好险好险！好妙好妙！好笑好笑！"

到底发生了什么事？三只小兔一点儿也不知道，它们还在吃着，笑着，说着……

吹口琴

小猴买了一支口琴。"呜呜呜……"小猴觉得真好听。

"呜呜呜",小猴吹给小兔听。小兔说:"不好听,我要写作业。"

"呜呜呜",小猴吹给小熊听。小熊说:"不好听。我病了,要睡觉。"

"呜呜呜",小猴吹给猫头鹰听。猫头鹰说:"不好听,我捉了一夜老鼠,要休息。"

小猴又去吹给驴听。驴说:"不好听,我正忙着磨面呢。"

小猴想,这么好听的口琴,为什么它们不喜欢?小朋友,你说为什么?

86

叠罗汉

小黑、小黄和小白来看杂技表演。可是它们个子矮，看不见。

小白说："我们'叠罗汉'吧，每人看一会儿。"

哈，这下就看见啦！

它们三个回到家，门锁着，没带钥匙怎么办？

三只小狗再叠罗汉……

妈妈回来后，高兴地把它们带到马戏团。熊伯伯说："好，欢迎你们来当演员，就演'叠罗汉'吧！"

瞧，它们演得多精彩呀！

会走的鸟窝

小鹿的角儿，像树杈杈。

鸟妈妈飞来，在树杈杈上做窝，小鹿一动也不动。

窝做好了，鸟妈妈在窝里生蛋，小鹿一动也不动。

鸟妈妈在窝里孵鸟娃娃，小鹿一动也不动。

鸟娃娃出壳了，叽叽喳喳，鸟妈妈出去找吃的。

下雨了，小鹿怕鸟娃娃被雨点淋湿，就把鸟窝和鸟娃娃一起端到树下躲雨。

雨停了，小鹿又把鸟窝和鸟娃娃一起端到草坪上，让鸟娃娃晒晒太阳，看看美丽的彩虹。

鸟妈妈回来，心里很奇怪：鸟窝为什么会走呢？它仔细一看，什么都明白了。

鸟妈妈说："小鹿，谢谢你！"小鹿笑嘻嘻地说："不用谢，看到这些可爱的鸟娃娃，我太高兴啦！"

聪明的小兔

小兔会做各种各样的点心，做什么像什么，它开了一家点心店，生意很好。

狐狸想来白吃点心，它看见柜里蹲着一只老狼，老狼向它瞪着眼睛。狐狸害怕了，转身跑了。

老狼想来白吃点心，它看见柜里蹲着一只老虎，老虎向它张着大嘴。老狼害怕了，转身跑了。

老虎想来白吃点心，怎么办呢？小兔砍下"虎头"，请老虎尝尝……

老虎一看，真吓坏了。狐狸、老狼、老虎，它们再也不敢来点心店闹事啦。小兔点心店的生意，越做越兴旺。

小树活了

有一座小山坡，只长了一些小草，没有树，小兔扛着工具来到山坡上，想在这里种上一些树。

小兔用力挖呀挖，挖了一些又浅又小的坑，然后把小树栽进土坑里。

可是没过几天，小树全死了。

小熊过来一看，对小兔直摇头，它说："土坑挖得太浅了，小树当然栽不活。"

小熊帮小兔挖树坑，挖得又深又大。小兔和小熊把小树种进深深的土坑里，过了几天，小树们全活了。

不久后，小山坡成了一个小绿坡。小兔和小熊住在山坡上，快乐极了！

三个稻草人

稻穗熟了，金黄金黄，喷香喷香。小鸟飞来，在稻田里打闹、嬉戏，它们吃得少，糟蹋得多。

田头，站着第一个稻草人。这个稻草人，什么也不管，让小鸟吃谷粒，还跟小鸟一块儿玩耍。小鸟笑了。

老爷爷不喜欢这个稻草人，他把稻草人抱回家，又抱来一个。

田头，站着第二个稻草人。这个稻草人，很凶很凶，它使劲挥动着鞭子，打伤了几只小鸟。小鸟哭了。

老爷爷不喜欢这个稻草人，他把稻草人抱回家，又抱来了一个。

田头，站着第三个稻草人。这个稻草人，轻轻地挥挥鞭子，赶赶小鸟，劝它们不要浪费了谷粒。小鸟飞了。

老爷爷很喜欢这个稻草人。稻谷收割完了，他把稻草人抱回家，对它说："明年再请你帮忙。"

屋子里摆着三个稻草人，它们在小声议论。第一个稻草人说："我爱护小鸟，老爷爷为什么不喜欢我？"第二个稻草人说："我保卫了稻穗，老爷爷为什么不喜欢我？"第三个稻草人说："他叫我们既要保护好稻穗，又要爱护小鸟！"

老爷爷为什么只喜欢第三个稻草人，现在，明白了吧？！

苹果树的朋友

苹果树发芽了。

小鸟飞来，在树叶里唱歌。小鸟越唱，叶子越绿。

苹果树开花了。

小鸟飞来，在花儿里唱歌。小鸟越唱，花儿越香。

苹果树结果了。

小鸟飞来，在苹果旁唱歌。小鸟越唱，苹果越甜。

冬天来了，苹果树上光秃秃的，没有叶子，没有花朵，没有苹果，小鸟还会来吗？

"叽叽喳喳""叽叽喳喳"，一群小鸟飞来了，它们站在树枝上唱着歌。小鸟

de gē shēng xī yǐn lái le hěn duō xiǎo dòng wù
的歌声吸引来了很多小动物。

xiǎo tù shuō hǎo kě ài de xiǎo niǎo xiàng yí piàn piàn
小兔说："好可爱的小鸟，像一片片

huì chàng gē de shù yè
会唱歌的树叶。"

xiǎo gǒu shuō hǎo piào liang de xiǎo niǎo xiàng yì duǒ
小狗说："好漂亮的小鸟，像一朵

duǒ huì chàng gē de huā ér
朵会唱歌的花儿。"

xiǎo zhū shuō hǎo shén qì de xiǎo niǎo xiàng yí gè gè
小猪说："好神气的小鸟，像一个个

huì chàng gē de píng guǒ
会唱歌的苹果。"

píng guǒ shù xiào le tā shuō xiǎo niǎo shì wǒ zuì hǎo
苹果树笑了，它说："小鸟是我最好

de péng you
的朋友。"

xiǎo tù xiǎo gǒu hé xiǎo zhū yě duì píng guǒ shù shuō
小兔、小狗和小猪也对苹果树说：

wǒ men yě yào zuò nǐ zuì hǎo de péng you tā men máng zhe
"我们也要做你最好的朋友。"它们忙着

gěi píng guǒ shù shī féi jiāo shuǐ hái gěi tā chuān shàng dào cǎo
给苹果树施肥、浇水，还给它穿上稻草

shéng zuò de guò dōng yī fu li
绳做的过冬衣服哩。

píng guǒ shù kāi xīn de xiào zhe tā xiǎng míng nián wǒ yào
苹果树开心地笑着，它想，明年我要

jiē chū gèng duō de píng guǒ sòng gěi wǒ de péng you
结出更多的苹果，送给我的朋友。

mén
门

xiǎo gǒu hé xiǎo xióng yì qǐ wán guò jiā jiā xiǎo gǒu
小狗和小熊一起玩"过家家"。小狗

dāng mā ma xiǎo xióng dāng wá wa
当"妈妈",小熊当"娃娃"。

gǒu mā ma dài xióng wá wa dào yóu yì gōng qù
狗"妈妈"带熊"娃娃"到游艺宫去

wán shuǎ lái dào dà mén qián wá wa shǐ jìn tuī mén
玩耍。来到大门前,"娃娃"使劲推,门

hái shi guān zhe mén tuī bù kāi
还是关着,门推不开。

gǒu mā ma shuō zhè shì lā mén tā qīng
狗"妈妈"说:"这是拉门。"它轻

qīng yì lā mén kāi le gǒu mā ma hé xióng wá
轻一拉,门开了。狗"妈妈"和熊"娃

97

娃"走进游艺宫。

又要过第二道门。熊"娃娃"跑上去使劲拉，门拉不开。狗"妈妈"说："这是推门。"它轻轻一推，门开了。狗"妈妈"和熊"娃娃"进了第二道门。

来到游艺宫前，又碰见了第三道门。熊"娃娃"又推又拉，门不开。这是什么门？狗"妈妈"说："这是卷闸门。"它找到了按钮，轻轻一按，门卷起来了。

狗"妈妈"和熊"娃娃"在游艺宫里玩得很开心。该回家了，它们走到出口处，见墙壁上有一个大圆筒，在慢慢转动。狗"妈妈"说："这是转门。"狗"妈妈"和熊"娃娃"笑嘻嘻地走出了游艺宫。

课本里的作家

序 号	作 家	作 品	年 级
1	金 波	金波经典美文：第一辑 树与喜鹊	一年级
2	金 波	金波经典美文：第二辑 阳光	
3	金 波	金波经典美文：第三辑 雨点儿	
4	金 波	金波经典美文：第四辑 一起长大的玩具	
5	夏辇生	雷宝宝敲天鼓	
6	夏辇生	妈妈，我爱您	
7	叶圣陶	小小的船	
8	张秋生	来自大自然的歌	
9	薛卫民	有鸟窝的树	
10	樊发稼	说话	
11	圣 野	太阳公公，你早！	
12	程宏明	比尾巴	
13	柯 岩	春天的消息	
14	窦 植	香水姑娘	
15	胡木仁	会走的鸟窝	
16	胡木仁	小鸟的家	
17	胡木仁	绿色娃娃	
18	金 波	金波经典童话：沙滩上的童话	二年级
19	高洪波	高洪波诗歌：彩色的梦	
20	冰 波	孤独的小螃蟹	
21	冰 波	企鹅寄冰·大象的耳朵	
22	张秋生	妈妈睡了·称赞	
23	孙幼军	小柳树和小枣树	
24	吴 然	吴然精选集：五彩路	三年级
25	叶圣陶	荷花·爬山虎的脚	
26	张秋生	铺满金色巴掌的水泥道	
27	王一梅	书本里的蚂蚁	
28	张继楼	童年七彩水墨画	

序号	作家	作品	年级
29	张之路	影子	三年级
30	曹文轩	曹文轩经典小说：芦花鞋	四年级
31	高洪波	高洪波精选集：陀螺	
32	吴然	吴然精选集：珍珠雨	
33	叶君健	海的女儿	
34	茅盾	天窗	
35	梁晓声	慈母情深	五年级
36	陈慧瑛	美丽的足迹	
37	丰子恺	沙坪小屋的鹅	
38	郭沫若	向着乐园前进	
39	叶文玲	我的"长生果"	
40	金波	金波诗歌：我们去看海	六年级
41	肖复兴	肖复兴精选集：阳光的两种用法	
42	臧克家	有的人——臧克家诗歌精粹	
43	梁衡	遥远的美丽	
44	臧克家	说和做——臧克家散文精粹	七年级
45	郭沫若	煤中炉·太阳礼赞	
46	贺敬之	回延安	八年级
47	刘成章	刘成章散文集：安塞腰鼓	
48	叶圣陶	苏州园林	
49	茅盾	白杨礼赞	
50	严文井	永久的生命	
51	吴伯箫	吴伯箫散文选：记一辆纺车	
52	梁衡	母亲石	
53	汪曾祺	昆明的雨	
54	曹文轩	曹文轩经典小说：孤独之旅	九年级
55	艾青	我爱这土地	
56	卞之琳	断章	
57	梁实秋	记梁任公先生的一次演讲	高中
58	艾青	大堰河——我的保姆	
59	郭沫若	立在地球边上放号	